LE MONOMOTAPA (1450-1902)

UN GÉANT EMPIRE EN AFRIQUE AUSTRALE

AMADOU BA

LE MONOMOTAPA (1450-1902)
UN GÉANT EMPIRE EN AFRIQUE AUSTRALE

Amadou Ba

DU MÊME AUTEUR

- *Le Bénin (10ᵉ-19ᵉ siècles). Un puissant et prestigieux empire en Afrique de l'Ouest (Politique, économie, architecture et relations internationales)*, Éditions AB, 2021.

- *Empire du Mali (13ᵉ - 15ᵉ siècles): Symbole de la force politique d'une Afrique unie*, Éditions AB, 2021.

- *Le Kongo (1350-1880) : Plus qu'un royaume, un très vaste empire au cœur de l'Afrique centrale*, Éditions AB, mai 2021.

- *L'Empire du Songhay (1464-1591). Diversité et tolérance ethnique en Afrique de l'Ouest médiévale*, Éditions AB, mai 2021.

- *L'Afrique des Grands Empires (7ᵉ-17ᵉ siècles). 1000 ans de prospérité économique, d'unité politique, de cohésion sociale et de rayonnement culturel*, Éditions AB, DÉCEMBRE 2020.

- *L'Histoire oubliée de la contribution des esclaves et soldats noirs à l'édification du Canada (1604-1945)* publié chez Editions-Afrikana, Montréal, (Qc) 2019, republié chez Editions AB Sturgeon Falls (ON) Canada 2021.

- *Quelles valeurs transmettre aux jeunes du XXIᵉ siècle*, Editions pour Tous, Montréal Qc 2016.

- *Les "Sénégalais" à Madagascar, militaires ouest-africains dans la conquête et la colonisation de la Grande-Île (1895-1960)*, Harmattan Études africaines, Paris, 2012.

DÉDICACES

À mes enfants et à tous ceux qui m'ont soutenu et accompagné dans ce travail.

Je dédie également ce livre à la jeunesse panafricaniste consciente.

À tous ceux et celles qui veulent mieux connaître ce que fut l'Afrique précoloniale, à travers ses grands empires médiévaux.

À tous les peuples de l'Afrique australe qui ont appartenu au vaste espace qu'occupait l'empire du Monomotapa.

À tous ceux et toutes celles qui luttent pour l'Afrique des LIBERTÉS, une Afrique débarrassée du néocolonialisme, de la Françafrique, des dictatures et de toutes les formes de dominations intérieures et extérieures.

REMERCIEMENTS

Mes très authentiques remerciements à tous ceux et celles qui m'ont soutenu dans mes recherches, Vous avez consacré une partie de votre précieux temps à la relecture de mon manuscrit sur l'Afrique des Grands Empires d'où est tiré de livre sur le géant empire du Monomotapa en Afrique australe. Vos corrections, suggestions, remarques, critiques et soutiens techniques m'ont été très utiles. Je veux particulièrement nommer: Sovi Lambert, Kristina Bernier et Dr Amélie Hien.

CITATIONS

Se tromper de chemin, c'est apprendre à connaître son chemin. (Proverbe tanzanien)

« Tant que les lions n'auront pas leurs propres historiens, les histoires de chasse continueront à glorifier le chasseur ». (Proverbe africain).

"Pour se débarrasser de la colère, il faut arracher d'abord la racine." (Proverbe zambien)

« Si les Africains ne racontent pas l'Afrique, elle disparaîtra ». (Ousmane Sembène, un écrivain, réalisateur, acteur et scénariste sénégalais)

« La négation de l'histoire et des réalisations intellectuelles des peuples africains noirs est le meurtre culturel, mental, qui a déjà précédé et préparé le génocide ici et là dans le monde ». (Cheikh Anta Diop, historien, anthropologue, et homme politique sénégalais).

« Si tu abandonnes ta spiritualité pour adopter celle de ton agresseur, tu deviens son esclave à jamais ». (Dicton asiatique).

« Notre seule faiblesse c'est d'ignorer notre force ». (Felwin Sarr, professeur d'université, économiste, philosophe et panafricaniste) extrait de "Traces et discours aux Nations africaines", discours prononcé à l'occasion de l'ouverture du Musée des Civilisations noires le 6 décembre 2018 à Dakar au Sénégal.

« Les grands empires médiévaux africains nous enseignent que ce qui nous unit est de loin plus fort, plus beau et plus vrai que ce qui nous désunit ». (Amadou Ba, historien, chercheur et écrivain).

Le feu qui veut la mort de l'eau ne vivra pas longtemps. (Proverbe béninois)

PLAN

INTRODUCTION
- Le Monomotapa, un géant en Afrique australe
- La question des sources
- Les sources arabes
- Les sources européennes
- Les sources orales
- Les sources archéologiques
- Les origines de l'empire
- Un empire prospère
- Organisation politique
- Les Portugais débarquent au Monomotapa et changent le cours de l'histoire
- Des débuts timides
- Les Portugais plus que jamais déterminés
- La longue décrépitude du Monomotapa
- Conclusion
- Bibliographie

INTRODUCTION

Entre le Zambèze et le Limpopo étend en diagonale du nord-est au sud-ouest sur 600 kilomètres une hauteur environ 1000 mètres un plateau irrégulier au climat salubre où peuvent subsister des populations relativement denses Son isolement et son altitude en ont fait le support privilégié de nombreuses civilisations bantu qui sont suc cédé du début de notre ère la colonisation européenne Mais est surtout au sous-sol avec ses riches gisements or et de cuivre que ces civilisations doivent avoir connu un destin bien différent de celui des populations voisines Isolé au nord et au sud par les vallées infestées de mouches tsé-tsé des deux grands fleuves ouest par le désert de Kalahari est par la chaîne montagneuse Inyanga qui le sépare de la plaine mozambiquoise le plateau apparaît comme une île Toutefois étroits passages traversant les fleuves au nord-ouest au nord-est et au sud-ouest ont permis aux peuples Bantu migrateurs en quête de terres fertiles et de pâturages abondants accéder 1 Quant aux peuples maritimes qui hantaient la côte de océan Indien et que tentait or de intérieur est en remontant les fleuves ils infiltrèrent.

LE MONOMOTAPA, UN GÉANT EN AFRIQUE AUSTRALE

L'EMPIRE DU MONOMOTAPA, aussi appelé successeur du Zimbabwe, (également « *Mwene* Mutapa », « Munhumutapa » ou « Mutapa »), a existé de 1450 à 1629. Il est situé sur la partie sud-est de l'Afrique et recouvre les territoires des actuels du Zimbabwe et du Mozambique méridional, au sud du Zambèze. Sa capitale était le Grand Zimbabwe. Le cœur de l'empire du Monomotapa est constitué par un plateau dont le sommet atteint 1000 mètres d'altitude coincé entre les fleuves du Zambèze au nord et du Limpopo au sud. Cette situation géographique a créé un isolement relatif certes, mais qui est loin d'être un obstacle à son développement économique et son affirmation politique. Au contraire, c'est un véritable atout. En effet, outre les vallées inhospitalières qui le bordent sur des franges septentrionales et méridionales, il est protégé à l'ouest par le désert du Kalahari et à l'est par les montagnes d'Inyanga le séparant de la plaine littorale mozambicaine. Il reste cependant accessible par le fleuve du Zambèze qui est navigable jusqu'aux rapides de Caborabassa et par le fleuve du Sabi qui contourne les montagnes d'Inyanga par le sud.

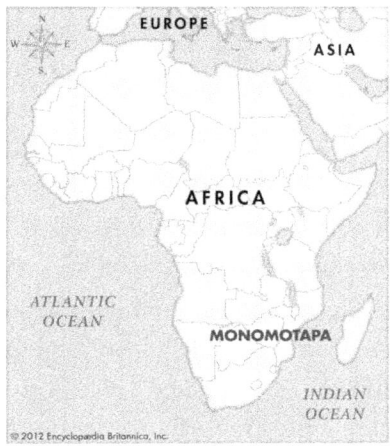

Localisation du Monomotapa en Afrique
Source: https://kids.britannica.com/kids/article/
Monomotapa/353487

Carte du Monomotapa au 16ᵉ siècle
Source: Gallica (France): https://gallica.bnf.fr/ark:/12148/
btv1b85951599/f1.item.r=Pierre%20Mortier.zoom

LA QUESTION DES SOURCES

Les sources ont été pendant très longtemps un problème pour une étude sérieuse du Monomotapa. Les géographes arabes ne donnent que peu d'informations notamment sur la partie orientale, la seule avec laquelle ils étaient en contact par l'intermédiaire des marchands arabes attirés par le commerce de produits issus de l'empire de Monomotapa. Les sources européennes quant à elles, sont assez tardives. Elles sont l'œuvre d'explorateurs portugais qui eux aussi sont arrivés par la côte-est et s'étaient établis sur des comptoirs comme Sofala, Kilwa, etc. Pour ce qui est de la tradition orale, elle a permis d'obtenir des informations intéressantes notamment sur les différents rois et leurs vassaux. Toutefois, elle a été négligée pendant très longtemps. Quant à l'archéologie, bien qu'elle ait fait ses preuves notamment à travers les fouilles effectuées dans la capitale Zimbabwe, elle est très récente dans la région qui forme l'ancien empire du Monomotapa.

LES SOURCES ARABES

CONTRAIREMENT AUX EMPIRES ouest-africains où les sources arabes ont été très claires dès les premiers moments de l'expansion musulmane, en Afrique australe, les textes arabes fournissent en général peu de détails sur l'intérieur. On n'y trouve guère qu'une brève allusion à Sofala et à son or. Les sources arabes sont tardives et irrégulières et elles manquent souvent de précisions[1]. Par exemple un géographe arabe du 10ᵉ siècle fait état d'un possible royaume riche en or à l'intérieur des terres, en Afrique australe sans donner plus de détails. Après lui, il aura fallu attendre le 16ᵉ siècle avec Ibn Majid, un des conducteurs de Vasco de Gama[2] pour avoir des informations sur les différents royaumes situés à l'intérieur du Monomotapa[3]. Si les géographes arabes ont largement contribué à la connaissance des empires médiévaux soudanais et la côte orientale, pour ce qui est du Monomotapa, notamment de sa partie intérieure, il a fallu attendre l'arrivée des Européens pour obtenir plus de témoignages et de récits.

LES SOURCES EUROPÉENNES

LE MONOMOTAPA n'a cessé de hanter l'imaginaire européen comme en témoignent des manuscrits laissés par des explorateurs portugais. Deux textes de Camoes, Lusiadas datant de 1572 ont fourni des informations sur le Monomotapa. Avant lui, on peut noter d'autres comme Joao de Barros auteur de récits écrits sur le Monomotapa. En effet, en 1552, l'historien portugais consacre au Monomotapa un long chapitre qui allait être repris par plusieurs auteurs de l'époque. Se servant sans doute des rares informations que ses compatriotes avaient pu acquérir des auteurs arabes, il mentionne le plateau « mozambiquoise », qu'il décrit comme une île. Il y cite aussi le royaume de Sofala sous la domination du Benemotapa ou Monomotapa. Dans ses manuscrits écrits, il évoque l'existence d'un territoire immense et riche où règnent probité, justice et intelligence politique, l'image d'une société idéale. (Joao de Barros, *Décadas da Asia*, Livre X, Lisbonne, 1552, Édition d'Antonion Baiao, Coimbra, 1932). Un autre auteur européen qui a produit des témoignages écrits sur le Monomotapa est Viçente Pegado, capitaine, garnison portugaise de Sofala, en

1531. Il fournit des indications claires permettant de mieux localiser l'empire et mentionne aussi les mines d'or et les habitants. On peut aussi ajouter Joao dos Santos, dans son fameux *Ethiopia Oriental*, Evora 1609. Celui-ci recense différents royaumes et leurs souverains ainsi que leurs successeurs. Il y décrit le processus d'émiettement de l'empire du Monomotapa survenu en 1609. Parmi les sources portugaises sur le Monomotapa, le texte de Diogo de Alcaçova intitulé *Lettre datée de Cochin en Inde du 20 novembre 1506* et adressée au roi du Portugal est l'un des plus riches en renseignements. L'auteur est en effet le premier explorateur portugais qui décrit les terres de l'intérieur ou du moins, celui qui rapporte ce qu'il a entendu dire durant son séjour. Il note par ailleurs l'abondance en or et les différents royaumes qui composent l'empire. Ses témoignages écrits sont très utiles, car ils sont classés parmi les premiers écrits peu après l'installation des Portugais sur le littoral sud-est africain. Ils contiennent des éclaircissements sur la double situation politique et économique du Monomotapa. Le Portugais Gaspar Velosoa lui aussi sa place parmi les informateurs européens sur le Monomotapa. Il écrit en 1512 qu'« entre le pays de Monomotapa et Sofala, tous les rois obéissent au Monomotapa». Cette information est tirée de son fameux document en portugais (*Documentos sobre os Portugueses en Moçambique en na Africa Central*, disponible au National Archives of Rhodesia et au Centro de Estudos Historicos Ultramarinos, Lisbonne, 7 volumes, 1962-1971). Enfin, pour clore la liste des sources écrites portugaises sur le Monomotapa, on peut ajouter les témoignages de Pedro Vaz de Soares. Ce dernier a produit un texte daté du 30 juin 1513, dans lequel il parle également de l'or. Cependant, à la différence des autres informateurs, il précise que ce métal n'est pas facile à obtenir qu'on le pense parce qu'il est dispersé un peu partout et par conséquent pas simple à trouver. Il informe aussi que cet or était échangé sur la côte avec des *Sheikhs* (marchands arabes), il confirme par la même occasion les échanges commerciaux entre Africains et Arabes sur la côte.

LES SOURCES ORALES

LES SOURCES orales bien que négligées pendant très longtemps, ont toutefois été d'une grande utilité pour la reconstruction de l'histoire du Monomotapa. Il serait difficile voire impossible de retracer la constitution de l'empire du Monomotapa qui succède à l'État du Zimbabwe sans faire appel aux informations laissées par la tradition orale. Non seulement celle-ci a fourni de précieux éclaircissements sur les différents royaumes composants l'empire, mais elle a aussi confirmé certains renseignements laissés par les explorateurs portugais ou par les géographes arabes. Ainsi, d'après une tradition orale recueillie à la fin du 19e siècle, des populations venues du nord, sous la direction d'un chef nommé Mutota, conquirent la partie septentrionale de la région de Tete sur le fleuve Zambèze. Sur le plan politique, les sources orales ont permis de lever le doute. En effet le texte de Diogo de Alcaçova mentionne ce que Joao dos Santos avait recueilli des traditions orales au début du 17e siècle. Il y explicite la chute du commerce de l'or par une guerre civile qui agita le plateau au cours de la période 1493-1494.

LES SOURCES ARCHÉOLOGIQUES

L'HISTOIRE du Monomotapa est en partie documentée à partir de sources orales et écrites, mais les fouilles archéologiques ont permis d'obtenir plus de précisions notamment pour ce qui concerne l'intérieur des terres et les véritables origines de cet empire. C'est grâce aux inspections archéologiques qu'on a eu la confirmation qu'avant le Monomotapa, c'est le Zimbabwe qui était le royaume dominant. Le site fouillé a donné des indications claires à savoir que la ville de Zimbabwe était le centre d'un ancien royaume ou État. Toujours d'après l'archéologie, on sait maintenant que le Grand Zimbabwe s'est formé autour de l'évolution de la population qui devait s'étendre pour s'adapter à son nouveau rôle. Lorsque le Zimbabwe atteignit son apogée, sa population était estimée à plus de 18 000 habitants. (Scott et Carroll, 1988, p. 33). La précision des fouilles a permis également d'avoir la certitude que le centre urbain de Zimbabwe servait de résidence au roi. Il était composé de trois zones bâties principales: le complexe Hill, le grand enclos et les ruines de la vallée qui sont plus petites. En plus de cela, il est nécessaire de rappeler que l'archéologie a contribué à corriger une énorme falsification de l'histoire du Zimbabwe et de l'empire du Monomotapa. En effet, durant la colonisation britannique du 19e siècle, dans la perspective de nier à l'Afrique toute possession de passé glorieux et d'une véritable histoire, les Britanniques ont attribué les ruines monumentales de Great Zimbabwe aux Phéniciens[1] et non aux Africains. Des fouilles archéologiques ont permis de contester cette thèse et d'établir que le site est bien l'œuvre de populations autochtones à savoir les Shonas, un peuple formant près de deux tiers de la population de l'actuelle République du Zimbabwe.

LES ORIGINES DE L'EMPIRE

La période pré-Monomotapa, c'est-à-dire celle du Zimbabwe, s'étend du 4e au 15e siècle. Dans les premières années de l'ère chrétienne, avant le 4e siècle, les agriculteurs mineurs, nommés Batonga, arrivent du Sud du Zimbabwe et s'installent dans les régions minières, à l'ouest. Vers le 9e siècle, arrivent les bâtisseurs appelés Shonas. Ceux-ci laissent leurs empreintes par la construction d'agglomérations de pierres dont la plus remarquable et la plus vaste est celle du Grand Zimbabwe construite entre 1100 et 1450. D'ailleurs le terme Zimbabwe nous renseigne clairement sur les fondateurs de ce royaume. Il est dérivé d'une forme courte de *ziimbaremabwe*, un mot shona (dialecte: le chikaranga) qui signifie «la grande maison faite de pierres». Le site lui-même est désigné sous le nom de Grand Zimbabwe par opposition à d'autres sites similaires mais plus petits appelés aujourd'hui zimbabwes au Zimbabwe et en Afrique du Sud. (Tufnell, 2013). Le « Monument national du Grand Zimbabwe » est de nos jours classé patrimoine mondial, par l'UNESCO. On peut donc retenir qu'à l'origine, c'est le royaume de Zimbabwe qui dominait cette région. Puis, au début du 15e siècle arrive un nouveau groupe d'agriculteurspasteurs, les Vakaranga (ou Mokaranga). Ces derniers seraient venus du Shana actuel. Ils étaient dirigés par le clan militaire des Rozwis. Vers 1440, un certain Nyatsimba Mutota (connu aussi sous son nom de guerre de Mutapa), du clan des Rozwis, entreprend la conquête du plateau rhodésien. (Randles, 1974, p. 216). Les traditions orales quant à elles parlent de l'avènement d'un souverain héréditaire, le *mwenemutapa* (maître du pillage), dont le premier fut Mutota. (Alpers, 1970, p. 203). Son fils Mutope élargit le territoire du Mwene Mutapa vers le nord et en déplaça la capitale dans cette direction, loin du « Grand Zimbabwe ». (*HGA* Vol. 4, p. 593). Ce dernier est cité par les différentes sources comme étant un chef bantou qui serait venu du nord. Il réussit à conquérir le royaume du Zimbabwe et fonde par la suite un nouvel État plus vaste et multiethnique. Son fils et successeur, Matope (1450-1480) est décrit comme un grand conquérant qui mena une véritable politique d'expansion du nouvel État. Sous son règne, le Monomotapa s'étendait sur un vaste territoire englobant la quasi-totalité de l'actuel Zimbabwe et une partie du Mozambique limitrophe et même du Malawi actuel. En soumettant les royaumes et chefferies alentours, il parvint ainsi à créer un grand "État fédéral" qu'on appelle aussi empire. Si c'est Mutota qui est retenu comme étant le fondateur, c'est à son fils Matope que revient le statut de grand conquérant. Les deux reçoivent le surnom de *Mwene-Mutapa* (signifiant « seigneur des terres dévastées »), transcrit en portugais en Monomotapa, et traduit incorrectement par « seigneur des mines ». Cette étymologie vient conforter la tradition orale selon laquelle la fondation de l'empire remonte à la première moitié du 15e siècle et elle est l'œuvre d'un prince du Zimbabwe nommé Nyatsimba Mutota qui aurait été envoyé au nord du royaume pour y chercher de nouvelles mines de sel. Toujours selon la tradition orale, Mutota aurait fait la conquête de ces terres qui appartenaient aux Shonas et aurait créé sa capitale, Zvongambe, sur les rives du Zambèze. Il devient donc le *Mwene Mutapa*. Le successeur de Mutota, Matope, aurait fait la conquête des terres jusqu'à l'océan Indien, soumettant les autres royaumes des Shonas: le Maniyka, le Kiteve et le Madanda. On voit ici l'importance de la tradition orale qui, en plus de confirmer la version européenne, donne encore plus de détails sur les véritables motivations de Mutota à aller vers le nord.

Le Monomotapa est un empire composé d'une métropole (Zimbabwe) directement dirigé par l'empereur et de royaumes tributaires, qui conservent chacun leur roi et leurs traditions. On voit ainsi le génie de ces peuples africains capables de dépasser les différences ethniques, religieuses et culturelles pour vivre en bonne harmonie dans un gigantesque espace politico-économique. Ce que les dirigeants de l'Afrique contemporaine sont incapables de faire. Une preuve claire et irréfutable que les Africains du 21e siècle ont beaucoup à apprendre des anciens empires et royaumes du continent pour construire une Afrique nouvelle, forte, unie et capable de peser sur la scène mondiale. Une Afrique soudée serait un endroit prospère, d'ailleurs, comme on le verra, le Monomotapa doit uniquement son opulence au fait qu'il était un « État fédéral » et non un petit royaume. L'Afrique du 21e siècle doit être un État continental où elle ne sera pas.

UN EMPIRE PROSPÈRE

Le Monomotapa est devenu économiquement riche grâce à son union et sa capacité de tirer profit des atouts disponibles parmi lesquels le commerce de l'or avec des marchands étrangers. Tout comme le *kaya maghan* du Ghana, le *mwenemutapa* avait le monopole de l'or. À l'instar de son aîné ouest-africain, il est « seigneur des métaux ». On sait aujourd'hui que les régions que couvrent une partie de la République populaire de Mozambique, de la République du Zimbabwe, de la République de Zambie et de celle du Malawi, forme une zone abondante en cuivre, en or et en fer. Les grandes compagnies du monde se partagent de nos jours les juteux contrats d'exploitation des métaux de cette région australe de l'Afrique. Selon Davidson, « on a relevé des milliers d'anciennes exploitations minières, peut-être jusqu'à 60000 ou 70000 ». (*HGA* Vol 4 p. 30). Toutes les sources, qu'elles soient européennes, arabes ou africaines s'accordent sur un fait réel: l'empire du Monomotapa produisait et exportait beaucoup d'or. Ce métal précieux est prélevé dans les cours d'eau ou dans des mines souterraines. Il est vendu sur les côtes de l'océan Indien, dans des ports appelés comptoirs, où sont établis des marchands arabes et plus tard européens. Le plus important est celui de Sofala où des marchands arabes organisent le commerce de l'or depuis le 10e siècle. Comme on le remarque, le métal jaune était non seulement vendu aux marchands arabes mais aussi aux Portugais. En retour le Monomotapa reçoit de ces partenaires commerciaux des articles qui lui faisaient défaut notamment des produits manufacturés et surtout des textiles luxueux venus d'Inde. Grâce à l'abondance de l'or, le Monomotapa était devenu une sorte de fantasme et bientôt une convoitise pour beaucoup de puissances du monde médiéval. À cause du métal jaune, l'empire du Monomotapa a eu un autre effet indirect sur l'histoire de l'Afrique australe. L'or de l'empire inspira aux Européens la croyance selon laquelle c'est le Monomotapa qui détenait les légendaires mines du Roi Salomon mentionnées dans la Bible. La convoitise de l'or fut l'un des facteurs qui conduisit la compagnie néerlandaise des Indes orientales (*VOC*) à fonder la colonie du Cap dans l'actuelle République Sud-Africaine. Ces légendes ne sont pas la seule raison expliquant la fondation de la ville. On sait que Le Cap fut d'abord une escale à mi-parcours des routes maritimes entre l'Europe et l'Inde, mais elles furent abondamment utilisées par la *VOC* pour convaincre des colons crédules de venir s'y établir, rêvant de trouver la mythique cité de l'or « Ophir » ou « Zand », tout comme les premiers colons en Amérique du Sud recherchaient l'Eldorado. Les noms d'Ophir (de l'hébreu, port ou pays biblique connu pour sa richesse en or) et de Zand (du persan Zanj, Zanji-bar signifiant depuis l'Antiquité la « Côte des Noirs » d'où le nom de Zanzibar), ont agi comme des aimants sur les colons néerlandais et autres Européens et même Orientaux. Au 19e siècle, on réalisa que ce n'est pas l'empire Monomotapa, mais l'Afrique du Sud (actuel pays) qui avait les plus grandes réserves d'or, dans ce qui devint plus tard Johannesburg, mais cela prit environ deux siècles avant qu'on ne les découvrît. Johannesburg est encore souvent décrite comme étant la « cité de l'or » et son nom reflète exactement cela dans la plupart des langues indigènes (« Gauteng » en Sotho ou « Egoli » en Zoulou). L'or n'était pas la seule richesse qui attirait les puissances étrangères vers le Monomotapa, il y avait aussi l'ivoire. (Newitt, 1995, pp. 23-26).

Le commerce de l'ivoire[2] avec les Arabes venus en majorité du Yémen, les Indiens et même les Indonésiens, contribua à l'enrichissement de l'empire du Monomotapa. Ibn Battuta, auteur arabe qui a fourni des témoignages écrits sur certaines régions d'Afrique, relève en 1331, lors de sa visite à Kilwa, l'importance du port de Sofala et sa position de carrefour dans le commerce entre l'Afrique de l'Est et le monde arabe et l'Orient. Il note que les commerçants arabes, indiens, indonésiens et Chinois (7 expéditions de Cheng Ho entre 1405 et 1433) venaient y échanger épices, soie et porcelaine contre du fer, du bois, de l'ivoire et surtout l'or du Monomotapa, dont la production était estimée à 10 tonnes par année durant tout le 15e siècle. Ce qui est loin d'être négligeable.

Les découvertes archéologiques confirment en outre l'existence d'un grand commerce (verre syrien, faïence persane, céladon chinois). Le Monomotapa, protégé des convoitises par les basses terres insalubres, les difficultés de navigation sur le Zambèze et le Limpopo et le secret bien gardé de l'emplacement des mines, traite sur un pied d'égalité avec ces marchands. En témoigne la pénétration très lente de l'islam dans l'empire. De ce fait, une grande partie du Monomotapa conserve ses religions ancestrales: animisme, culte des ancêtres et rôle primordial des Mkondoros, médiums responsables du maintien de la prospérité et des traditions.

L'agriculture occupait aussi une place non négligeable dans l'économie du Monomotapa. En effet, le Monomotapa se trouve dans une région de plateaux dotée d'un climat très propice à l'activité agricole. Comme mentionné au début du texte, le cœur de l'empire en est constitué par le plateau de 1000 mètres d'altitude coincé entre les fleuves du Zambèze au nord et du Limpopo au sud. C'est une région dotée de terres fertiles très propices à l'activité agricole et qui bénéficient des cours d'eau pour l'irrigation. Le Monomotapa est un espace privilégié en plusieurs points. En plus de conditions agricoles favorables, on note que sur le plan sanitaire, son altitude le protège des mouches *tsé-tsé* qui infestent les vallées fluviales. Si ailleurs en Afrique cet insecte faisait des ravages chez les bovins et caprins, rendant la pratique de l'élevage de bétails presque impossible, tel n'est pas le cas au Monomotapa. En raison de l'importance du commerce des bovins dans l'économie du Zimbabwe, il a été émis l'hypothèse que Monomotapa a pu se développer dans ses premières années en utilisant le bétail comme moteur catalyseur de son économie. (Pwiti, 2004, p. 276-277).

À toutes ces richesses commerciales, agricoles, minières, etc., s'ajoute une autre source de revenu pour le Monomotapa. Il s'agit des tributs et taxes payés par les royaumes soumis et vassaux du Monomotapa. Cette manne récoltée fit de l'empereur un homme opulent. L'empereur prélevait aussi une partie de l'or extrait des mines. (Nikis and Smith, 2017, p. 902-903).

Sur le plan économique, on remarque que le Monomotapa était aussi florissant que les autres grands empires médiévaux africains peut-être même plus. Tout cela a été possible à cause d'une excellente organisation politique, économique et sociale.

ORGANISATION POLITIQUE

À l'instar des autres empires africains médiévaux, le Monomotapa était doté d'une bonne organisation politique. L'empereur était à la tête du gouvernement et de l'armée. Pour gouverner, il est aidé par neuf ministres ayant chacun une fonction particulière. Par exemple le gouverneur des provinces, avait pour rôle de maintenir la soumission des États vassaux. (Beach, 1976, p.1.). La ville de Zimbabwe servait de capitale à l'empire du Monomotapa. Les ruines du « grand enclos » de cette ville sont encore visibles. Il s'agit d'un espace circulaire protégé par une muraille construite avec des blocs de granit et dont la hauteur atteint 11 mètres. À l'intérieur du « grand enclos », on trouve des habitations en pisé (mélange de pierres et d'argile). C'est dans ce lieu que l'empereur vivait avec sa cour. (Voir image ci-dessous). Les rois des provinces vassaux jouaient également un rôle important. Bien qu'il existe peu d'informations sur leurs origines, certains historiens estiment que ces seigneurs vassaux (connus sous le nom de *fumos*) transmettaient leur position à leurs descendants. (Chanaiwa, 1972, p. 426). Les mères et les épouses de ces seigneurs jouaient également un rôle significatif dans la politique régionale en tant que conseillères et ambassadrices. Ces femmes pourraient même avoir interagi avec des Européens venus dans la région. (Rodrigues, 2015, p. 22.). Le dirigeant de chacun des royaumes vassaux était lui-même connu sous le nom de « Mutapa » (ce qui peut rendre certaines sources déroutantes lorsqu'elles se réfèrent à la fois à l'empereur et au royaume du même nom ou d'un roi vassal). L'empereur et les différents rois étaient considérés comme régnant sur la terre et l'eau, ainsi que sur le soleil et la lune. Cependant, ce titre n'allait pas aider les rois de Monomotapa à l'arrivée des Portugais qui ont fait de grandes confusions ne sachant pas à qui s'adresser en premier et en priorité pour établir des relations politiques et économiques avec l'empire.

Notons par ailleurs, que si l'archéologie a permis de reconfigurer le site et sa fonction politique et administrative du Monomotapa à travers le Grand Zimbabwe. La tradition orale quant à elle fournit différents noms des empereurs et rois ayant dirigé le Monomotapa. En effet, d'après les récits oraux, l'empereur regroupa sous sa domination plusieurs royaumes habités par des peuples bantous. Des noms et mêmes des dates très précises ont été avancés: Nyatsimba Mutota (c. 1430-c. 1450), Matope Nyanhehwe Nebedza (c. 1450-c. 1480), Mavura Maobwe (1480), Mukombero Nyahuma (1480-c. 1490), Changamire (1490-1494), Kakuyo Komunyaka (1494-c. 1530), Neshangwe Munembire (c. 1530-c. 1550), Chivere Nyasoro (c. 1550-1560), Chisamharu Negomo Mupuzangutu (1560-1589), Gatsi Rusere (1589-1623), Nyambo Kapararidze (1623-1629). La tradition orale précise aussi qu'après Nyambo Kapararidze, le Monomotapa s'affaiblit et se réduit considérablement. Il allait même perdre totalement son autonomie jusqu'à ce qu'un deuxième royaume soit ressuscité. Beaucoup moins étendu, ce second Monomotapa était moins prospère à cause de l'ingérence portugaise dans ses affaires politiques mais surtout en raison de la perte identitaire du Monomotapa devenant de plus en plus islamisé sur la côte orientale et chrétien à l'intérieur. Les nouveaux venus, les Arabes et surtout les Portugais n'étaient pas intéressés que par l'or, l'ivoire ou les autres produits de l'empire. Ils cherchaient surtout des esclaves et étaient prêts à tout pour déstabiliser le géant de l'Afrique australe pour atteindre leur objectif. C'est ainsi que pour se procurer le maximum d'esclaves, les Portugais n'hésitèrent pas à distribuer des armes à feu à certains rois vassaux les poussant à faire la guerre au pouvoir central. Ceci les permettait de se procurer plus facilement des esclaves. La même tactique a été observée dans l'empire du Kongo et ailleurs en Afrique occidentale de la part des Portugais. C'est ainsi que les différentes ethnies qui avaient vécu en bonne entente, en parfaite harmonie dans un vaste espace pendant plus de deux cents ans, allaient commencer à se détester, se faire la guerre en devenant de véritables ennemis. Le Monomotapa cessa d'être un empire pour ne demeurer qu'un minuscule État entouré d'autres petits royaumes devenus tous indépendants et antagonistes. Pour cette période très peu glorieuse, les sources orales retiennent les noms et périodes de règne de rois, comme Cangara II qui n'a régné qu'une année (1803-1804), ou encore Mutiwapangome, deux ans de règne (1804 - 1806), Mutiwaora (1806) quelques mois et Cipfumba une année (1806 - 1807). Ces périodes de règne très brefs sont la preuve irréfutable d'une grande instabilité politique qui caractérisa le Monomotapa une fois que les Portugais y étaient solidement établis. Tous les autres rois qui ont suivi n'étaient que des marionnettes acquis à la solde des nouveaux venus, leurs désormais maîtres incontestés. Et cela perdura jusqu'à la fin du 19e siècle. Au cours de cette période, les impérialistes britanniques reprirent une bonne partie de l'ancien empire du Monomotapa à la suite du la ruée vers l'Afrique à partir de 1880 et surtout avec le signal donné après la Conférence de Berlin de 1884-1885 jusqu'en 1914 avec la Première mondiale, période pendant laquelle plus de 90% du continent africain est tombée entre les mains des colonisateurs européens.

Le site du Grand Zimbabwe, capitale du Monomotapa.
Source: https://fr.wikipedia.org/wiki/Grand_Zimbabwe

Compte tenu de l'importance hégémonique portugaise au Monomotapa ainsi que les transformations qu'ils ont occasionnées, il n'est pas inutile d'examiner plus en profondeur les conséquences de leur arrivée dans cette partie de l'Afrique. Ceci permet de mieux comprendre comment les nouveaux-venus ont réussi à mettre à terre ce géant empire de l'Afrique australe.

LES PORTUGAIS DÉBARQUENT AU MONOMOTAPA ET CHANGENT LE COURS DE L'HISTOIRE

L'ARRIVÉE des explorateurs portugais a eu des conséquences majeures dans l'évolution de l'empire du Monomotapa. Si les débuts ont été timides, les relations entre le Monomotapa et les nouveaux venus allaient être très compliquées voire néfastes pour les Africains.

DES DÉBUTS TIMIDES

LES CÔTES du Mozambique présentent plusieurs sites intéressants pour installer les relais nécessaires à la navigation vers l'Inde. En 1516, des Portugais créent donc des comptoirs à Sofala et Kilwa, alors villes commerciales arabes importantes. (Newitt, 1995, pp. 8-13). Lorsque les Portugais s'installent à Sofala, leur objectif était de contrôler le commerce de l'or entre le plateau et l'océan Indien, mais les Arabes qui s'étaient établis au nord des embouchures du Zambèze, à Angoche, continuaient d'exercer un rôle prépondérant dans ce commerce en remontant le fleuve dont ils cachent l'existence ou la localisation à leurs concurrents. C'est sous la direction de Gaspar de Veiga, dans les années 1530, que les Portugais procédèrent à sa reconnaissance et créèrent les établissements de Sena et Tete sur le fleuve. Ces établissements devinrent le cœur des circuits commerciaux.

Loin de rester de simples bases de ravitaillement, ces villes du Zimbabwe attirèrent des colons avides de partir à la découverte des mines du roi Salomon et de « cités d'or » que les explorateurs européens pensaient être la cité d'or relatées dans la bible. Des aventuriers, les *sertanejos*, ne tardèrent pas à s'enfoncer à l'intérieur des terres. Marchands, ils servirent aussi des conseillers et d'interprètes des rois des Shonas. Les Portugais restèrent cependant dans une position d'infériorité par rapport au Monomotapa. Les capitaines ou gouverneurs qui s'installaient dans les comptoirs devaient payer à l'empereur une très grosse somme d'argent, comme s'ils lui achetaient leur charge ou le droit de résider. Ils étaient obligés également d'accepter une taxe de 50% sur toute marchandise importée dans l'empire. Pour finir, à intervalles réguliers, des Portugais furent massacrés, de façon à leur rappeler la précarité de leur situation. Malgré ces moments troubles, le Portugal ne renonça pas à ses ambitions de contrôler le Monomotapa dans le but d'acquérir les nombreuses ressources et richesses que regorge cet empire.

LES PORTUGAIS PLUS QUE JAMAIS DÉTERMINÉS

DÈS LES PREMIÈRES années de leur arrivée, les Portugais voulaient supplanter les Arabes pour le monopole du commerce avec le Monomotapa. Ils entamèrent des tentatives visant à prendre le contrôle économique de l'empire du Monomotapa dès 1505. C'est dans cette perspective qu'ils chassèrent les Arabes de la ville côtière et commerciale de Sofala. Ils y construisirent un fortin, mais le commerce de l'or qui périclitait ne refleurit jamais à cet endroit. Loin de les décourager, cela poussa les Portugais à s'aventurer vers l'intérieur. De ce fait, ils décidèrent de quitter les côtes où ils étaient restés confinés pendant de longues années jusqu'en 1513, d'après Fernand Braudel[1].

Au 16ᵉ siècle, le Monomotapa devint une sorte de fantasme, observable sur les cartes éditées en Europe, qui exagèrent grossièrement son importance en l'étendant de l'Angola au Mozambique.

À l'arrivée des Portugais le Mwenemutapa et le Zimbabwe faisaient encore figure de grandes puissances. Une fois établis sur les villes côtières du Monomotapa détenant des armes plus sophistiquées, les Portugais commencèrent véritablement à poser un problème à cet empire qui a connu une longue période de stabilité de cohésion sociale et de prospérité économique. Tout comme le Kongo, plus à l'ouest et au nord, le Monomotapa allait connaître une période de décadence assez rapide avec la rapacité, les pillages et les ingérences dans les affaires politiques de l'empire par les Portugais et d'autres Européens qui les suivirent. (*HGA*, Vol. 14, 1987 p. 30). C'est dans la seconde partie du 16e siècle que les événements commencèrent à tourner mal pour le Monomotapa face à la pression portugaise parce que qu'il n'a pas pu faire des Arabes de bons alliés pour vaincre les nouveaux venus. En effet, en 1561, un missionnaire jésuite réussit à convertir le *Mwenemtutapa*. Face à la colère de marchands musulmans, le roi se ravisa et fit exécuter le missionnaire. C'est là le prétexte rêvé d'une intervention portugaise. En 1568, plus de 1000 hommes, dirigés par Francesco Barreto, tentèrent de prendre le contrôle des mines d'or et des zones de chasse aux éléphants. Ils avancèrent jusqu'au haut Zambèze mais se replièrent, à la suite des maladies tropicales qui commençaient à les décimer. En 1572, cependant, les Portugais sont les maîtres incontestés des plaines côtières. Ils sont désormais des intermédiaires obligés pour le commerce dont dépend la prospérité de l'empire. Le Monomotapa garda un certain temps sa force. Le contrôle très rigoureux de la production aurifère par l'empereur ne permit pas non plus aux Portugais de se passer de lui. En 1629, le Monomotapa se sentait assez fort pour expulser les occupants. Toutefois, cette tentative fut un échec et les Portugais détrônèrent leur roi pour mettre à sa place un fantoche, Mavura Mkande Felipe. Ce dernier signa avec eux un traité qui lui permit de conserver une indépendance de façade tout en vassalisant l'empire. Les Portugais ont désormais la permission d'installer des comptoirs fortifiés dans tout l'empire et d'accéder aux mines d'or. Le prestige du Monomotapa fut sérieusement affecté par ce traité. Des successions difficiles permirent aux Portugais de s'immiscer de plus en plus dans les affaires de l'empire en appuyant des factions rivales. Les royaumes tributaires cessèrent alors de payer des taxes et s'émancipèrent progressivement les uns après les autres. Le début de la fin de l'empire du Monomotapa peut donc être placée en 1629, même s'il survécut comme un État très fragile et vulnérable durant deux siècles. Il semble que le commerce des esclaves ait également joué un rôle majeur dans la décadence du Monomotapa, qui se trouvait à la confluence des demandes arabes, perses, indiennes et européennes. Une fois les ressources en or épuisées, ce commerce a provoqué une nette baisse de la population dans le sud-est de l'Afrique. En 1629, les Portugais s'emparèrent du territoire et y établirent leur domination mettant fin à l'existence autonome du Monomotapa. Le géant de l'Afrique australe entra dans un long crépuscule dont il ne sortit jamais jusqu'à nos jours.

LA LONGUE DÉCRÉPITUDE DU MONOMOTAPA

L'EMPIRE MONOMOTAPA périclita pour diverses causes internes et externes. Parmi les facteurs internes qui ont contribué sa ruine, figurent les luttes entre factions rivales et l'épuisement de l'or des rivières qu'il contrôlait. La menace la plus sérieuse est venue d'un roi vassal du Monomotapa du nom d'Inhamunda. Ce dernier qui contrôlait les terres allant de l'océan Indien aux montagnes d'Inyanaga bloqua tout le commerce entre le port de Sofala et le plateau. Cette décision prise à la suite de l'excès de confiance qu'Inhamunda eut après avoir noué des relations « amicales » avec les Portugais. Se sentant fort et puissant, il voulut prendre possession des routes de commerce et tirer le maximum de profit sur l'or et les divers produits de l'empire. Il semble que cette arrogance est liée à la maladresse commerciale des Portugais qui le couvrirent de marchandises, espérant accélérer les transactions, mais augmentant de fait sa puissance. En effet, les Portugais lui fournirent des armes à feu, des balles et de la poudre. Ce qui lui conféra une certaine supériorité militaire et provoqua sa victoire. Cependant, Inhamunda n'avait pas bien compris leur stratagème. En fait, lorsqu'ils ont senti le Monomotapa bien affaibli par cette guerre interne, les Portugais le conquirent finalement en 1629. Les derniers représentants des familles royales établirent un autre royaume Mutapa au Mozambique, parfois appelé « Karanga ». Les rois Karanga étaient désignés sous le terme mambos (pluriel). Ils régnèrent sur la région jusqu'en 1902 sans réelle force pour arrêter l'hégémonie portugaise.

Plus grave encore, Inhamunda n'avait pas réalisé qu'en dressant certains royaumes contre le pouvoir central, les Portugais ne cherchaient rien d'autre qu'un moyen plus facile de se procurer des esclaves. En, effet, une fois que le commerce de l'or est devenu moins rentable, les Portugais le remplacèrent par celui des esclaves qu'ils allaient envoyer par milliers travailler la canne à sucre au Brésil ou dans certaines îles de l'océan Indien. La croissance rapide du commerce des esclaves favorisa une saignée démographique dans le Monomotapa et affecta profondément le bon vivre ensemble entre les différentes ethnies. Les marchands arabes ne tardèrent pas eux aussi à délaisser le commerce de l'or pour se consacrer exclusivement à celui des hommes, femmes et enfants. Ceci entraîna l'émergence d'États sur la côte comme Zanzibar et Kilwa qui devinrent dominants dans la région grâce à la traite des Noirs vers l'Arabie, la Perse et l'Inde (Braudel, 1979, p. 430). L'empire commence à s'effilocher peu à peu à partir du 17e siècle. Au sud du Monomotapa, la dynastie Rozwi crée le royaume Butwa. Cette région tributaire du Monomotapa refusa alors de payer les taxes et commerce directement avec les Portugais. Non seulement le Monomotapa se montra incapable de les châtier, mais il est en plus déposé par les Portugais en 1663. Plus tard, en 1684, le roi Mukombe est vaincu à la bataille de Mahvugwe par le *changamire* (roi) Rozwi, Dombo. En 1692, à la mort du *Mwenemutapa* Mukombe, une énième guerre de succession opposa le candidat des Portugais et celui des Rozwis. Après moult massacres, les

Rozwis réussirent à prendre le contrôle des régions aurifères du Manyika. Ils sont désormais plus puissants que le *Mwenemutapa*, au point d'imposer leur candidat au trône impérial en 1712. L'empire recouvra un semblant de stabilité en 1720, lorsque les préoccupations des Rozwis les portent plus au sud où l'installation des Hollandais commençait à produire ses effets dévastateurs.

Confronté à des séries de problèmes internes et externes, le Monomotapa déplaça sa capitale à Tete, dans la basse vallée du Zambèze pour sauver ce qui reste de l'empire. N'ayant plus de force ni d'alliés internes, le *Mwenemutapa* ne sachant plus à quel Saint se vouer, sollicita la protection des Portugais. Il savait que ces derniers allaient achever ce qui reste de son empire, mais il voulait gagner un peu plus de temps.

Une dernière guerre de succession en 1759 acheva de ruiner l'empire. Le roi perdit le titre de *Mwenemutapa* et se contente de celui de *Mambo* (roi) du royaume de Karanga. Les Portugais laissèrent survivre ces vestiges d'empire jusqu'en 1917. Dans une bataille, le dernier *Mambo* fut tué et ne fut pas remplacé.

CONCLUSION

Le Monomotapa a commencé comme les autres grands empires africains et a fini exactement comme eux. En effet, il est passé de petit royaume qui grâce à de rapides conquêtes a pu s'étendre sur un vaste territoire pour devenir un véritable empire. À l'instar des autres empires, ce sont les soi-disant alliés extérieurs notamment les Portugais qui affaiblirent le Monomotapa par l'introduction d'armes à feu, la politique du diviser pour régner et surtout la pratique sans retenu de l'esclavage. Le Monomotapa détenait des terres riches et fertiles qui regorgeant de ressources énormes. Malheureusement, ce don de la nature n'avait cessé de lui causer des ennuis. La concupiscence des ressources agricoles et minières poussa l'empire à entrer en conflit contre le Portugal. Toutefois, les Portugais réussirent à retourner certains fils du Monomotapa et certains royaumes vassaux contre le pouvoir centre. Rappelons aussi que le Monomotapa n'a pas été en mesure de produire de grands dirigeants capables d'anticiper les jeux, combines et manipulations des envahisseurs étrangers et suffisamment courageux pour mobiliser une forte armée et chasser les nouveaux venus pendant qu'il était temps. En conséquence, Monomotapa s'effondra au 18e siècle, ne devenant que l'ombre de lui-même jusqu'à la conquête coloniale de l'Afrique au 19e siècle.

BIBLIOGRAPHIE

Alpers, E. A,. "Dynasties of the Mutapa-Rowzi Complex". *Journal of African History* 11 (1970), 203.

Beach, D.N., "The Mutapa Dynasty: A Comparison of Traditional and Documentary Evidence". *History in Africa* 3 (1976), 1.

Davidson, B., *The lost cities of Africa, backbay books*, 2009.

David Ch., "Politics and Long-Distance Trade in the Mwene Mutapa Empire during the Sixteenth Century". *International Journal of African Historical Studies* 5 (1972), 426.

El Fasi., M (dir) *Histoire générale de l'Afrique, tome III, l'Afrique du VIIe au XIe siècle*, UNESCO, 1997.

Eugenia R., "Women, Land, and Power in the Zambezi Valley of the Eighteenth Century". *African Economic History* 43 (2015), 22.

Gilbert P., "Economic Change, Ideology and the Development of Cultural Complexity in Northern Zimbabwe." *Azania: Archaeological Research in Africa* 39 (2004), 276-277.

Iliffe, J., *Les Africains, Histoire d'un continent*. Champs Histoire, 2009.

BIBLIOGRAPHIE

Insoll, T., *The archaeology of islam in sub-saharian Africa*, Cambridge university press, 2003.

Nikis, N., and Alexandre Livingstone Smith, "Copper Trade and Polities: Exchange Networks in Southern Central Africa in the 2nd Millennium CE". *Journal of South African Studies* 43 (2017), 902-903.

Newitt, M. D. D., *A History of Mozambique*, Indiana University Press, 1995.

Pontalis, J-B., *Le songe de Monomotapa* (roman), 2005.

Scott, C., "Légende solomonique: les musulmans et le grand Zimbabwe." The International Journal of AfricanHistoricalStudies21, no. 2 (1988) 33.

Randles, W.G.L., *L'empire du Monomotapa du XVe au XIXe siècle*. EHESS, 1975.

Randles, W.G.L., "La fondation de l'empire du Monomotapa", *Cahiers d'Études Africaines*, 1974, numéro 54, pp. 211-236

Summers, R., *Ancient Mining in Rhodesia*, Salisbury, 1969.

Tufnell, R., *The Great Ruins of Zimbabwe – a personal view*, in STONECHAT, numéro 29 (été 2013) de la revue publiée par la branche des Galles du Nord de l'association britannique Dry Stone Walling.

Wilmot, A., *Monomotapa (Rhodesia)*; Elibron classics, 2005.

TABLE DES MATIÈRES

RÉSUMÉ

Le Monomotapa est un vaste empire africain ayant existé et rayonné du début du 15e au milieu 18e siècle. Il s'étendait sur le territoire de l'actuel Zimbabwe, le centre du Mozambique et une partie du Malawi. Ce livre retrace ses origines, son expansion, sa prospérité économique, son unité politique, sa cohésion sociale et les relations commerciales avec les pays arabes, ses voisins de l'océan Indien, l'Inde et la Chine. Au 15e siècle, les Portugais s'installent sur les côtes et tentent une conquête de l'intérieur pour contrôler les mines d'or, christianiser la région et se procurer des esclaves.

Titulaire d'un Doctorat en histoire à l'université Paris 7 en France (spécialisation histoire coloniale de l'Afrique), d'une Maîtrise en science politique à l'université Paris I Panthéon La Sorbonne (spécialisation politique africaine) et d'un Baccalauréat en enseignement à l'université Laurentienne à Sudbury en Ontario, Amadou Ba vit au Canada où il enseigne l'histoire de l'Afrique à Nipissing University (North Bay Ontario). Il donne aussi des cours à la Faculté des sciences de l'éducation et au département de science politique à l'Université Laurentienne (Sudbury). Amadou Ba est auteur de plusieurs livres dont: *L'Afrique des Grands Empires (7e-17e siècles) 1000 ans de prospérité économique, d'unité politique, de cohésion sociale et de rayonnement culturel*, ou encore *L'histoire oubliée de la contribution des esclaves et soldats noirs à l'édification du Canada (1604-1945)*.

NOTES

LES SOURCES ARABES

1. Sur les connaissances des géographes arabes concernant la côte orientale de l'Afrique, cf L. M. Devic, *Le pays des Zanj d'après les écrivains arabes*, Paris, 1883.
2. Vasco da Gama (en portugais), communément francisé en Vasco de Gama, supposé né en 1469 à Sines au Portugal et mort le 24 décembre 1524 à Cochin aux Indes, est un grand navigateur portugais, traditionnellement considéré comme le premier Européen à arriver aux Indes par voie maritime en contournant le cap de Bonne-Espérance, en 1498.
3. https://www.persee.fr/doc/cea_0008-0055_1974_num_14_54_2642

LES SOURCES ARCHÉOLOGIQUES

1. Les Phéniciens sont un peuple antique originaire des cités de Phénicie, région qui correspond approximativement au Liban actuel. Cette dénomination provient des auteurs grecs qui ont écrit à leur sujet.
2. Comme de nombreux empires africains, leur terre avait également une population d'éléphants abondante, lui permettant d'utiliser l'ivoire comme exportation.

LES PORTUGAIS PLUS QUE JAMAIS DÉTERMINÉS

1. Fernand Braudel, *Civilisation matérielle, économie et capitalisme : XVe - XVIIIe siècles*, Paris, A. Colin, 1967.